PAUL RIVERE

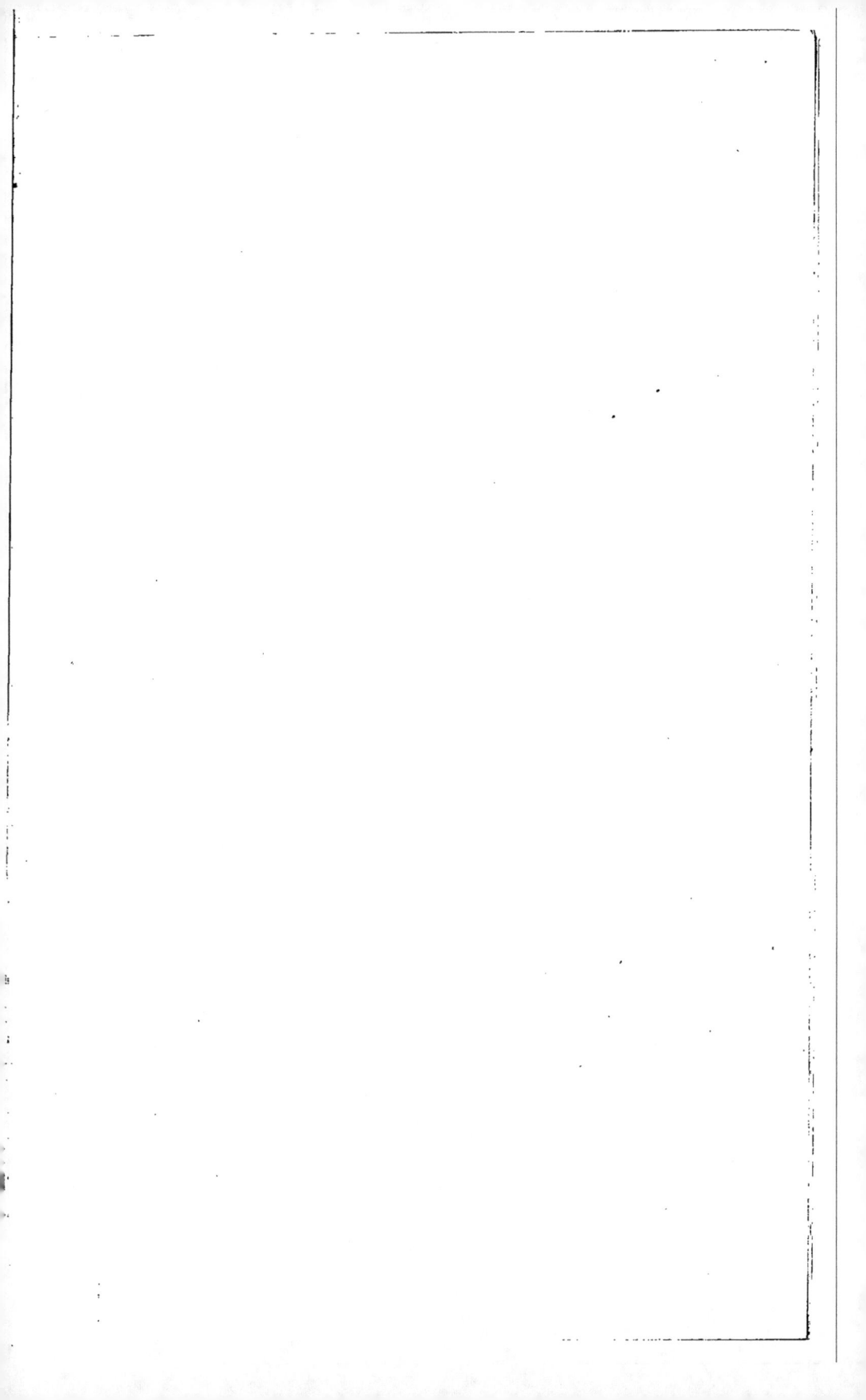

Pierre de Ferrier du Chatelet.

La
femme
indoue

TOULOUSE

IMPRIMERIE ET LIBRAIRIE ÉDOUARD PRIVAT

45, RUE DES TOURNEURS, 45

—

1900

LA FEMME INDOUE

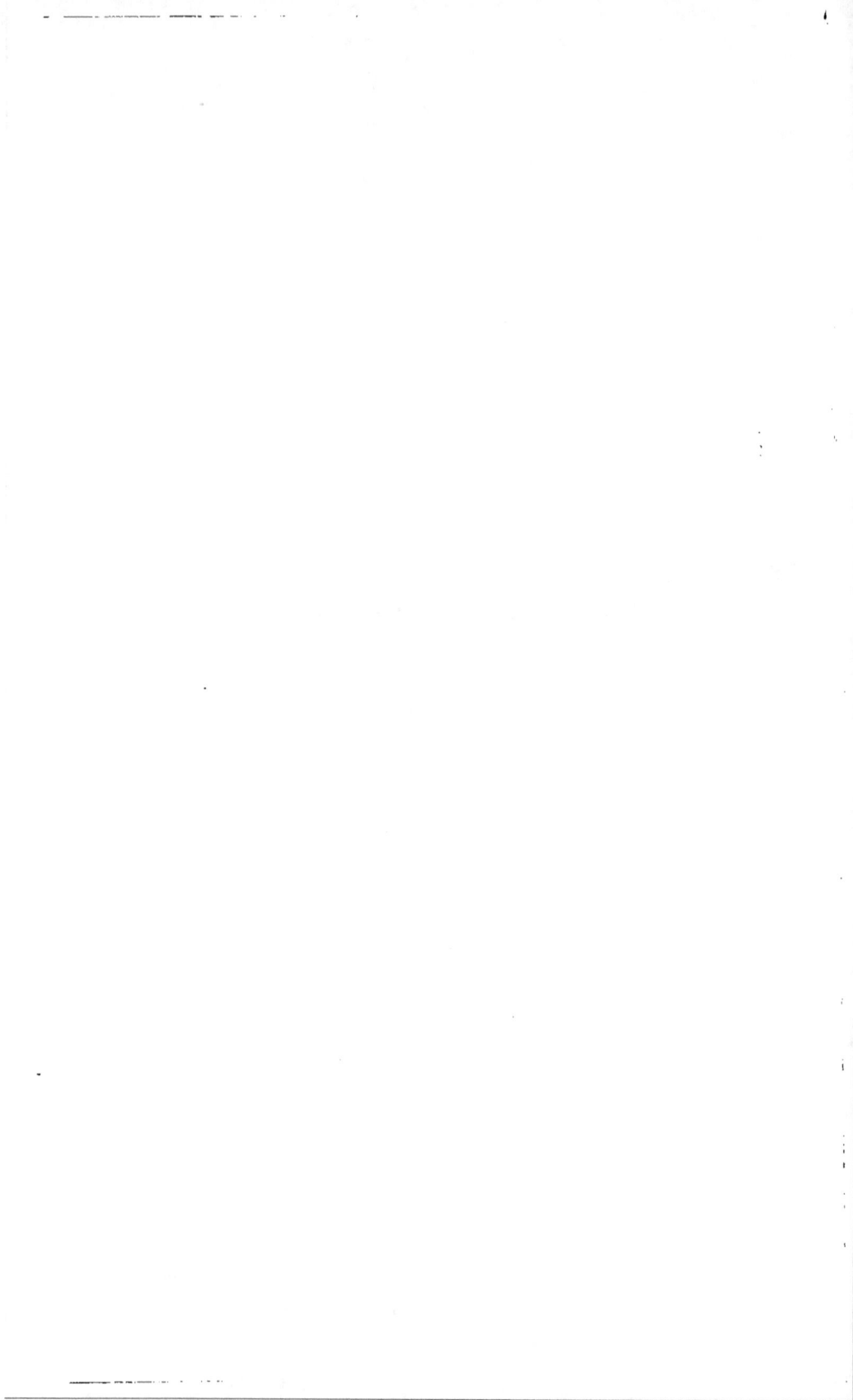

LA

FEMME INDOUE

CONFÉRENCE

FAITE LE 2 JUIN 1900

A LA

SOCIÉTÉ DE GÉOGRAPHIE DE TOULOUSE

PAR

Pierre de FERRIER du CHATELET

Membre de la Société.

TOULOUSE

IMPRIMERIE ET LIBRAIRIE ÉDOUARD PRIVAT

45, RUE DES TOURNEURS, 45

1900

INTRODUCTION

L'INDE n'est plus aujourd'hui pour nous cette contrée mystérieuse sur laquelle ont couru jadis mille contes merveilleux. Les nombreux voyageurs qui l'ont explorée et les administrateurs anglais qui sont maintenant établis sur tous les points du territoire nous ont révélé ses charmes pittoresques et ses curiosités. D'un côté, les savants ont étudié ses livres sacrés, sa religion, sa philosophie, sa poésie, en un mot tout son esprit ; d'autre part ils ont caractérisé ses diverses races et relevé leurs différences physiques et morales ; mais ils ont quelque peu négligé de porter leur attention sur la femme dont la condition sociale, le rôle moral et le caractère intime donnent naissance à des observations fort instructives.

Ainsi c'est à peine si les ethnologistes ont parlé de son action dans la famille et dans la société. Ils se sont contentés d'effleurer cette importante question, digne cependant d'une analyse minutieuse, car on ne saurait comprendre entièrement l'esprit et la civilisation d'un peuple sans étudier l'influence qu'exerce très nécessairement la femme dans l'ordre social. Nous entrerons plus avant dans ce vaste champ pour y glaner une partie des nombreux détails que leurs études trop générales avaient laissés de côté.

Tenons compte d'abord de la diversité des races, et voyons comment elles se sont superposées.

Races formant le peuple indou. — Les premiers habitants de l'Inde étaient noirs, ainsi que l'ont établi les savants par l'étude des anciens manuscrits; mais ces possesseurs véritables du sol, indolents et insouciants, se virent absorbés par une foule de peuples nouveaux, puissants, ambitieux, qui s'établirent dans le pays; c'est ainsi que les Touraniens (race jaune), venus du Turkestan, franchirent la vallée du Brahmapoutre à une époque antéhistorique et s'établirent dans les bassins de l'Indus et du Gange. Les Aryens les suivirent; ils pénétrèrent dans l'Inde plusieurs siècles avant Jésus-Christ et traversèrent la Péninsule du nord au sud, s'infiltrant même dans l'île de Ceylan. Au sixième siècle de notre ère, les Musulmans envahirent à leur tour le pays et y jetèrent des racines profondes. Cette invasion comprenait des Arabes, des Persans, des Afghans, des Mogols, qui tous vinrent s'unir aux peuples déjà existants et formèrent une véritable mosaïque de races humaines. J'insisterai sur cette invasion musulmane, car elle a imprimé dans la civilisation indoue un caractère profond dont les traces sont maintenant très accusées. La condition de la femme s'en est particulièrement ressentie.

Ces différents éléments se fondirent sans peine avec le temps et ne formèrent plus qu'un peuple bigarré, mais toutefois homogène pour les idées et les mœurs.

Chacune de ces races a son caractère propre; de là la distinction des castes qui a empêché l'Inde de se constituer en nation. En effet, les 250 millions d'habitants que cette vaste contrée hospitalise n'obéissent qu'à des intérêts personnels; ils n'ont aucune solidarité, rien de cet amour du sol qui engendre la grande idée de patrie. La patrie de l'Indou c'est sa caste, dont le cercle restreint borne ses aspirations. Tous ses efforts ne tendent qu'à vivre heureux dans cette caste, à y être estimé et à ne rien faire qui puisse déshonorer son rang. Ces sentiments, que la civilisation moderne n'a point modifiés, sont une des plus sûres garanties que les maîtres de l'Inde aient trouvées contre la révolte en masse du peuple. Les castes sont trop divisées d'intérêt pour pouvoir jamais s'entendre contre un ennemi commun.

Caractère de l'Indou. — L'Indou est orgueilleux et très fier de sa naissance. Le rang social est à ses yeux un privilège que lui confère l'hérédité, une noblesse dont il se fait gloire et qu'il fait valoir de toutes ses forces. La tradition lui enseigne le mépris des castes inférieures à la sienne : toute mésalliance, toute relation avec un individu d'une autre condition constitue une dérogation aux principes sociaux, dont le coupable est sévèrement puni : la caste le rejette de son sein; il perd tous ses biens, ses parents et ses amis pour tomber au rang des parias. Or ces malheureux, dépourvus de tout secours, de toute ressource, mènent l'existence la plus triste et vont même jusqu'à disputer leur nourriture aux chiens. Ces rigueurs sont d'ailleurs une conséquence de l'union étroite qui règne entre les gens d'une même caste. Mais autant cette union est puissante, autant est grande l'hostilité des castes entre elles. Pour des raisons souvent futiles, elles en viennent aux mains en des luttes sauvages où les hommes s'exterminent sans pitié.

Brahmes. — La caste la plus noble est celle des brahmes ou prêtres, qui exercent une suprématie incontestée dans tout le pays. Très fier de son origine, car il prétend descendre des dieux, le prêtre indou a subjugué le peuple et l'a plongé dans la superstition la plus grossière. Tous les moyens lui ont été bons pour en imposer à ses compatriotes. La religion des premiers temps, avec ses grands principes d'amour et de charité, il l'a travestie par de savants artifices ; il a corrompu les mœurs et introduit parmi le peuple la luxure la plus effrénée. Pour établir son prestige, il a même réveillé les plus honteuses passions de l'homme. Il intervient dans tous les actes de l'individu et par là dirige la foule. Aux yeux de tous, il est saint et plus puissant que les dieux eux-mêmes !

A ce sujet il circule dans le peuple un curieux raisonnement :

Le monde entier est sous la puissance des dieux ;

Les dieux sont sous la puissance des *Mantrás* (incantations) ;

Les *Mantrás* sont sous la puissance des brahmes ;

Donc, le brahme est notre Dieu !

Cette déduction audacieuse est religieusement acceptée par la population naïve et ignorante.

Le Brahme autrefois et aujourd'hui. — Dans l'ancien temps, le brahme avait quelque droit à ce respect. Vivant en ascète, s'imposant par pénitence de dures privations, il fuyait tous les plaisirs pour remplir les devoirs de son sacerdoce; mais aujourd'hui, et depuis longtemps, le prêtre a perdu ce caractère qui le désignait à la vénération des foules; ses pratiques religieuses ne sont plus que d'odieux simulacres; c'est un être corrupteur, répugnant d'immoralité, d'une cupidité révoltante et vivant des vices de ses fidèles. Pour quelques roupies [1] il oublie tous ses scrupules et foule aux pieds ses principes religieux. Généralement très intelligent et très habile, il met à profit ses nombreuses ressources pour mieux accomplir sa besogne néfaste. Cependant quelques-uns d'entre eux ont une science réelle et une grande honnêteté ; il ne faut pas oublier qu'ils ont aidé bien souvent nos indianistes par leurs savants travaux. Dans ces dernières années, des brahmes, convertis aux idées occidentales, ont travaillé aux progrès de leurs concitoyens et donné en maintes circonstances des preuves d'énergie et de dévouement. Plusieurs d'entre eux occupent d'importantes situations libérales et sont des membres distingués du barreau.

La famille indoue. — C'est dans la famille que le prêtre exerce surtout son influence : il intervient dans tous les actes de la vie pour prodiguer ses conseils, appeler la faveur des dieux et faire observer les prescriptions religieuses qui assurent son prestige.

La famille indoue présente une constitution toute patriarcale : tous les membres, même les moins rapprochés par la

1. Monnaie du pays valant environ 1 fr. 60.

naissance, vivent en commun, partageant les mêmes peines, les mêmes plaisirs et puisant au même patrimoine.

Autorité du chef de famille mâle. — A sa tête se trouve le chef de famille ou *kartá*; c'est généralement un vieillard d'une autorité incontestée, dont les décisions font loi. Son expérience lui vaut une indiscutable suprématie; aussi les jeunes gens le consultent en toute occasion, soit pour le choix d'un état, soit dans les difficultés ordinaires de l'existence. Il joue exactement le rôle du *pater familias* que nous retrouvons dans l'ancienne Rome.

Autorité du chef de famille femelle. — Après le *kartá* vient sa femme la *ginni* ou chef femelle, dont l'influence est très grande auprès des femmes. La *ginni* a des devoirs nombreux et difficiles; elle assume toutes les responsabilités du ménage. Elle est principalement chargée des approvisionnements nécessaires à la famille, préparant les repas et veillant avec soin à donner aux hommes tout ce qu'il leur faut. Elle surveille les domestiques, empêche les vols et le gaspillage, et dans le *zenana*[1] elle fait tous ses efforts pour entretenir la bonne harmonie parmi les autres femmes; elle cherche notamment à éviter les nombreux conflits auxquels leur jalousie naturelle les entraînerait.

Sentiment de la famille chez l'Indou. — L'Indou se prête très bien par caractère à cette vie intime de famille. Il aime et respecte ses parents, et ses sentiments se traduisent par des cérémonies touchantes telles que *la fête du frère*, qui a lieu chaque année. Le matin du jour fixé, le jeune homme se rend chez sa sœur et lui souhaite une longue et heureuse vie. Il reçoit d'elle des cadeaux composés de riz, d'herbes sacrées, de sucreries, etc. Lui, de son côté,

---

1. Appartement privé des femmes.

exprime le désir qu'elle soit heureuse en ménage, aimée de son époux, respectée de ses enfants, et ces souhaits causent à la jeune fille un plaisir extrême.

Puis il prend sa part d'un repas qu'elle lui offre; il goûte à un plat qu'elle a préparé de ses propres mains avec tout le soin dont elle est capable; enfin elle lui offre en présent des vêtements et des gâteaux et met toute sa bonne grâce à les lui faire accepter.

Le jeune homme revient dans sa maison prendre ses frères et se rend de nouveau chez elle, suivi de plusieurs domestiques chargés de présents dont il lui fait hommage.

On donne des fêtes analogues en l'honneur du beau-frère, et l'on y répète les mêmes cérémonies.

Cet amour du foyer est si profond qu'il persiste chez la jeune fille même longtemps après son mariage. Dès qu'elle a pris un époux, elle s'empresse de retourner chez ses parents où elle demeure encore un ou deux ans. Elle est si peu pressée de revenir sous le toit conjugal que sa mère n'a qu'à la menacer de l'y renvoyer pour l'obliger à l'obéissance!

Qualités de la femme. — La femme indoue est essentiellement pratique, dévouée et aimante. Les traits caractéristiques de sa nature sont une grande bonté et un esprit de charité très développé. Sage et avisée, elle règle avec économie les dépenses du ménage; elle accomplit avec patience et douceur sa lourde tâche de mère de famille, conservant au sein des plus grandes difficultés une sérénité d'âme parfaite.

Son instruction est négligée; elle ne possède en effet aucun de ces grands principes capables d'élever son enseignement; et cependant, lorsqu'elle instruit ses filles, elle n'en fait pas moins valoir ses merveilleuses facultés naturelles d'éducatrice.

Propreté de la femme. — Une de ses plus grandes qualités, c'est qu'elle est propre ; ce n'est certes point par hygiène,
car elle ignore les idées modernes à cet égard. L'habitude
qu'elle a prise de voisiner si fréquemment avec les eaux du
Gange ou des étangs vient uniquement d'un précepte religieux, le grand Manou ayant élevé la propreté à la hauteur
d'un rite.

Or c'est un tableau plein de poésie que de voir, au soleil
levant et au déclin du jour, les femmes de toute caste accomplir leurs ablutions. Avec une démarche pleine de noblesse,
elles se dirigent vers le fleuve sacré, élégamment drapées
dans leurs amples *saris*[1] qui révèlent les formes onduleuses
de leur corps sculptural. Elles portent sur la tête des paniers
de fleurs que soutient un bras finement modelé, et leur attitude gracieuse et nonchalante évoque la femme grecque des
anciens temps. Pendant la route elles chantent en chœur
des airs à la louange de l'inabordable sanctuaire de *Mahâ-
deva* (Şiva), l'immense glacier de l'Himalaya, d'où le Gange,
fleuve sacré de l'Inde, s'élance impétueux.

Nourriture. — Les Indous ne se nourrissent que de
végétaux. Pour eux les animaux sont sacrés ; y toucher
serait un crime. Quiconque mangerait de la viande perdrait
sa caste et serait excommunié. Ils prennent leurs repas
accroupis sur leurs talons en se servant uniquement de
leurs doigts. Les femmes mangent après les hommes, et ce
n'est que le jour de son mariage que l'épouse peut dîner en
tête-à-tête avec son mari.

Les hommes s'adjugent, sans scrupule, les meilleurs
morceaux, et il ne reste aux femmes que les mets dont ils
n'ont pas voulu. Cela ne veut pourtant pas dire qu'elles

1. Longue pièce d'étoffe qui forme le vêtement des femmes indoues.

aient à se plaindre de ce côté; leur nourriture est toujours abondante et convenable. Les femmes servent les hommes à table, mais ces derniers n'assistent point à leurs repas; leur présence serait de mauvaise augure.

Zenana. — Toute l'existence de la femme se passe dans le *zenana*, sorte d'appartement privé qui est quelque chose comme le harem musulman, dont très certainement il dérive. Nul homme ne peut pénétrer dans cette enceinte, exclusivement réservée aux femmes de la famille. Elles y mènent une vie monotone et désœuvrée, n'ayant aucune distraction du dehors et ne goûtant aucun plaisir intellectuel. Elles s'occupent de mille riens, jouent aux cartes, babillent et dorment. Cependant la civilisation anglaise leur a apporté quelques distractions nouvelles comme le piano et certains jeux de société. C'est cette existence vide et paresseuse qui perpétue leur esclavage.

Influence de la civilisation sur la liberté de la femme. — Mais l'instruction se développant chaque jour, on comprend de plus en plus combien cette réclusion est absurde et préjudiciable. Dans les grandes villes, les portes du *zenana* s'ouvrent maintenant pour donner la liberté pendant le jour aux aimables prisonnières. A Calcutta, les femmes se promènent, font leurs achats et se montrent dans les rues à visage découvert, sans souci des regards étrangers. Ce progrès est restreint à quelques villes, et il faudra encore bien des années pour que la femme puisse être, dans toute l'Inde, entièrement émancipée.

Les hommes ont bien mieux profité de la civilisation anglaise. Ils ont vu s'ouvrir devant leur ambition d'abord les collèges et les universités, puis les administrations et les carrières, qu'ils arrivent à encombrer comme en France.

Épanouissement de la femme durant la période védi-

que. — C'est pendant la période védique ou primitive que la femme fut le plus heureuse et le plus libre. Cette période tire son nom des « Védas », livres sacrés empreints d'un large et généreux esprit, qui suscitèrent alors dans le peuple de nobles sentiments et lui donnèrent un caractère chevaleresque. Dans ce temps-là la femme était véritablement la compagne de l'homme, son guide et son conseil. Aimée pour sa grâce et pour ses charmes, elle était entourée du respect et des égards dus à son sexe.

Préceptes des Védas. — Les « Védas », qui sont la Bible indoue, renferment à ce sujet des préceptes très élevés et pleins d'humanité. On y lit par exemple ceci :

« L'homme n'est complet que par la femme, et celui qui
« ne se marie pas à l'âge d'homme doit être déclaré infâme.»

« Celui qui méprise une femme méprise sa mère. »

« Les chants des femmes sont doux à l'oreille du Sei-
« gneur; les hommes qui veulent être exaucés par lui doi-
« vent chanter ses louanges en compagnie de leurs femmes.»

Mais le brahme est apparu après cette heureuse période et s'est révélé comme le mauvais génie du peuple. Sortant de son ascétisme, dont il ne conservait plus que les apparences, il a semblé prendre à tâche d'opprimer la femme, de lui enlever son individualité et d'anéantir son rôle social. Ce fut là le premier acte des prêtres dans l'œuvre de domination qu'ils avaient entreprise.

Préceptes des brahmes. — Ils substituèrent cyniquement aux principes des *Védas* les maximes tyranniques qui suivent :

« La femme doit vénérer son mari, qu'il soit vieux, in-
« firme, débauché ou violent. »

« Une femme est faite pour obéir à tout âge; fille, c'est à
« son père; femme, à son mari; veuve, à ses parents et à
« ses enfants. »

« Elle ne doit se quereller avec personne, et il lui faut
« conserver en toute circonstance une parfaite égalité de
« caractère. »

« Elle doit ne penser qu'à son mari et ne jamais regarder
« un autre homme en face. »

« Si son mari lui dit des injures ou même la frappe, elle
« doit répondre avec douceur et lui baiser les mains. »

« Après la mort de son mari, elle doit se retirer dans la
« solitude et vivre sobrement en pratiquant la pénitence et
« de saintes œuvres. Sa conduite doit être irréprochable ;
« elle ne doit point se remarier, car la femme ne peut pos-
« séder qu'un seul époux ! »

Les Indous acceptent ces principes barbares comme arti-
cles de foi; c'est pour eux l'expression de la volonté divine.
Ils ne cherchent pas à en pénétrer la valeur non plus qu'à
en contester l'origine.

Sentiments véritables de l'Indou. — Le code religieux
va jusqu'à leur prescrire de réserver toute leur affection à
leurs parents mâles. La femme n'y doit avoir aucune part.
En apparence l'homme paraît se conformer à cette prescription, mais en réalité il a pour sa compagne une grande affection et une entière confiance dans son jugement. En raison
de ces sentiments, le ménage est ordinairement très uni.

Bien des écrivains, jugeant cette question à la légère, selon
les textes religieux et d'après ce qu'ils en avaient vu au
cours d'un rapide voyage, ont considéré l'Indou comme un
mari arrogant et égoïste, tenant la femme dans un dur

2

asservissement. Ce sont là des idées fausses universelle-
ment répandues contre lesquelles il est bon de se mettre
en garde. L'attitude hautaine et méprisante de l'Indou à
l'égard de sa femme est bien faite, il est vrai, pour duper
les étrangers. Ce n'est qu'en étudiant l'homme dans sa vie
intime que l'on apprécie son caractère sociable, doux et
affectueux.

Esthétique. — Nous avons vu que le peuple indou
était le résultat d'un mélange de races nombreuses. On est
donc appelé à y rencontrer des types très variés.

Ainsi, dans le Cachemire, les habitants sont vigoureuse-
ment conformés. Ils ont les traits fins, le nez aquilin, la
peau blanche; leur chevelure est abondante et d'un beau
noir. Les *Mogols*, au contraire, dérivés du type chinois,
ont la figure plate, les yeux bridés, le nez écrasé. Leurs
traits sont épais et ne donnent aucune expression à leur
physionomie, qui est d'un aspect désagréable.

A Darjeeling, dans l'Himalaya, la femme est délicate et
d'une blancheur de peau égale à celle des européennes. Ses
traits sont fins et réguliers. Elle porte les cheveux gracieu-
sement enserrés sur le devant dans un diadème garni de
perles de corail, et flottant librement par derrière. Malheu-
reusement son visage est recouvert d'une pâte de couleur
marron destinée soi-disant à la préserver du vent et de la
poussière, qui lui ôte de son cachet.

Sur ses épaules sont disposées de jolies châtelaines aux-
quelles pendent toute sorte de petits objets pour la toilette
des dents et des ongles. Son vêtement est composé d'une
casaque de couleur bleue munie de deux manches rouges
très larges. Une tunique bleue lui serre la taille et forme
jupon.

Dans le Haut Bengale, la femme, produit inférieur des castes, a le teint olivâtre, les cheveux crépus, les seins noirs et pendants. Ses membres sont grêles. Elle est malgré cela recherchée pour sa lascivité.

Le type aryen le plus pur se trouve dans le *Pundjab*. Le teint est clair, le visage ovale, le nez aquilin et les cheveux châtains.

Mais on trouve les plus beaux hommes dans l'*Aoude* et principalement dans le *Radjpoutana,* qui renferme assurément la plus belle race de l'Inde. Leurs traits sont finement dessinés, leur stature haute et élégante. Les femmes, généralement très belles, avec leurs grands yeux bien fendus et leur opulente chevelure joliment bouclée, présentent un physique très noble et fort gracieux.

A Bombay, les femmes des *Parsis*, riches commerçants qui forment la noblesse de la ville, ont un cachet spécial qu'elles tiennent des musulmanes. Elles sont vêtues d'un pantalon collant et d'un *sari* de couleur éclatante orné d'une frange dorée, dont elles se couvrent la tête et les épaules. On leur accorde une grande liberté dont elles profitent pour montrer leurs beaux yeux qui sont un de leurs plus grands charmes.

Sur la côte de Malabar, qui s'étend au sud-ouest de la Péninsule, le vêtement des femmes est très sommaire. Il ne comprend en effet qu'une simple pièce d'étoffe nouée autour de la ceinture et qui descend jusqu'aux genoux. Le buste est à nu. En revanche elles portent une prodigieuse quantité de bijoux.

A Madras (race tamoule) elles sont plus gracieuses, car elles savent se draper très artistement dans leur *sari*. Leur taille est au-dessus de la moyenne. Elles ont les dents blanches et bien rangées, les cheveux d'un noir d'ébène, lisses et brillants. Leur teint varie du rouge cuivré au bronze noir.

Plus bas, dans le Maduré, on voit de petites filles aller entièrement nues jusqu'à l'âge de sept ou huit ans. Elles n'ont pour se mettre en règle avec la pudeur la plus élémentaire qu'un petit coquillage suspendu par devant à un fil métallique formant ceinture! Quant aux femmes, elles portent un grand *sari* jaune ou rouge, qu'elles nouent autour des reins en guise de jupon et dont elles rejettent ingénieusement l'extrémité sur leurs épaules.

Pour résumer cette étude rapide de l'esthétique indoue, nous ferons ressortir cette différence caractéristique : dans le Nord, le teint est clair, le type robuste; dans le Sud, la couleur de la peau est foncée, noire même; les formes sont délicates et les attaches déliées.

Toutes les femmes ont les dents d'une éclatante blancheur qu'elles entretiennent en mâchant des feuilles de bétel, les yeux brillants et expressifs, les cheveux longs et soyeux. Quelle que soit leur situation de fortune, elles se couvrent de bijoux pour lesquels elles montrent, tout comme leurs sœurs d'Europe, une véritable passion.

Une femme vraiment élégante porte des ornements d'or et d'argent qui lui couvrent les cheveux presque en entier. Elle accroche à ses oreilles de larges anneaux; elle en met aussi aux bras et aux chevilles; elle en suspend un autre à son nez. Autour de son cou s'enroulent de nombreux colliers qui descendent quelquefois jusqu'à la taille. Les doigts de ses mains et même de ses pieds sont couverts de bagues!

Pour avoir ces bijoux, ainsi que de riches étoffes brodées d'or et d'argent, les femmes des classes élevées gaspillent des fortunes. Ce luxe de la toilette est chez elles une satisfaction nécessaire qui occupe leurs nombreux loisirs.

Enfance de l'Indou. — Malgré l'affection que l'homme a pour la femme, celle-ci n'en est pas moins dans une condition très inférieure. Tous les privilèges sont pour les hommes, qui jouissent de toutes les satisfactions et de tous les plaisirs de la vie au détriment du sexe faible considéré comme non-valeur. En raison de cette différence très marquée que la tradition a établie depuis plusieurs siècles, on conçoit quelles doivent être les inquiétudes de la mère au moment de la naissance d'un enfant. La venue d'une fille est regardée comme un événement malheureux et ne donne lieu à aucune réjouissance; la famille en est même tout attristée. La mère maudit sa destinée et ne se résigne qu'avec peine aux décrets de la Providence. Mais si c'est un garçon qui vient au monde, l'heureux événement est annoncé aux sons de la *sankha-Dhani*, sorte de longue trompe. Des musiciens viennent d'eux-mêmes jouer quelques airs en signe de joie sous les fenêtres de l'accouchée, pendant que le barbier de la famille court répandre la nouvelle chez les parents et les amis ; il y met un grand empressement, sachant que de nombreux cadeaux seront la récompense de son zèle. Dans les familles riches on donne à cette occasion des fêtes brillantes, on distribue des présents de tous côtés et on s'attache à déployer un luxe extraordinaire. Puis un astrologue marque soigneusement le moment exact de la naissance et prédit l'avenir de l'enfant. Ses prédictions trouvent un très grand crédit dans la famille.

Dès qu'il est né, le poupon est frotté d'huile de moutarde chaude et entouré de mille soins. Dans le peuple on l'expose même au soleil afin, dit-on, qu'il résiste mieux

par la suite au brûlant climat du pays. Quand il est âgé
d'environ six mois on procède aux cérémonies du baptême : on lui rase la tête, on le revêt d'habits de soie et
on le couvre de bijoux. C'est alors qu'il mange sa première
bouillie composée de riz consacré, que les brahmes ne manquent pas de se faire payer fort cher. Ces derniers sont invi-
tés le soir de ce jour à un grand repas auquel prend part
toute la famille. De copieuses libations donnent à la fête un
entrain remarquable.

Baptême. — Le nom de baptême est choisi parmi ceux
des divinités; on veut ainsi purifier l'enfant de ses souil-
lures originelles et lui assurer le bonheur dans ce monde
et dans l'autre. Cependant lorsqu'une mère n'a eu que des
filles, elle arrive à leur donner des appellations bien moins
religieuses et beaucoup plus significatives : elle les décore,
par exemple, des doux noms de *Khyantá* (assez!), *Arná*
(je n'en veux plus!), *Ghriná* (je te méprise!).

Jusqu'à ce qu'il ait atteint l'âge de trois ou quatre
ans, la mère veille sur l'enfant avec sollicitude tout en
accomplissant ses nombreux devoirs de maîtresse de
maison.

Quand sa fille a six ou sept ans, elle commence son éducation en lui apprenant les devoirs du ménage ainsi que
les éléments de la religion.

Vœux religieux. — C'est à cette époque qu'elle lui fait
prononcer ses vœux religieux. Par ces vœux on entend toute
une série de cérémonies au cours desquelles on enseigne à
l'enfant des principes étroits et inutiles. Malgré sa jeunesse,
on lui dicte des apostrophes violentes qu'elle devra lancer
plus tard, par jalousie, aux rivales que son mari introduira
dans le domicile conjugal. Nous verrons plus loin en effet
que la polygamie est en usage dans l'Inde. En dépit de l'im-

portance que l'on donne aux cérémonies des vœux religieux pour mieux les fixer dans la mémoire des jeunes filles, il n'en subsiste plus rien heureusement quelques années après. Dans le *Zenana*, les femmes savent vivre en bonne harmonie sans montrer cette jalousie pourtant si naturelle à leur sexe.

Education de la jeune fille. — Placée sous l'influence directe de sa mère, la jeune fille épouse toutes ses idées et s'inspire de ses actes; son esprit prend ainsi un pli ineffaçable. Il se dégage de cet enseignement un fond de sagesse pratique, mais aucun sentiment élevé, aucune idée supérieure, rien qu'une superstition grossière que le culte d'innombrables idoles met chaque jour en évidence. Un des meilleurs résultats de cette éducation est le grand respect que les enfants professent pour leurs parents; il resserre les liens de la famille, en assure le bonheur et en maintient l'esprit moral.

La jeune fille étudie peu ou point, car la religion veut qu'elle reste dans l'ignorance. Seules les bayadères ont droit à quelque instruction; nous verrons plus bas la place qu'elles occupent dans la société.

On conçoit difficilement cette inepte loi religieuse qui proscrit chez la femme tout développement intellectuel. C'est vouloir l'abêtir et augmenter encore les peines de son existence.

Un grand revirement s'est heureusement opéré dans le courant de ces dernières années. A Calcutta, à Madras, à Bombay et dans les principales villes où de nombreuses écoles de filles ont été ouvertes, le peuple commence à comprendre les bienfaits de l'étude et envoie les enfants dans ces écoles dont on a vu déjà sortir de très brillants sujets. Il est vivement encouragé à suivre cette voie par les *babous,* riches bourgeois formés aux idées anglaises, ainsi que par quelques brahmes de bonne foi.

Œuvre philanthropique de Sasi-Pada. — L'un d'entre eux, du nom de Sasi-Pada, s'est particulièrement signalé par son zèle d'éducateur. Plus que tout autre il a contribué à diriger les femmes vers l'école, ayant reçu lui-même dans les universités anglaises une solide instruction.

En 1861, alors que l'éducation du sexe faible était complètement négligée, il se proposa la grande tâche de régénérer la femme. Il fonda dans son village de Baranagar, près de Calcutta, la première école de filles. Il débuta par l'instruction de sa belle-sœur, devenue veuve depuis peu. Sa femme, intelligente et fort instruite, lui fut d'une aide précieuse dans son entreprise hardie. Elle réussit à grouper autour du professeur quelques jeunes filles du voisinage, qui devinrent rapidement des élèves assidues. Mais tous deux heurtaient de front les vieux préjugés de leurs compatriotes. Leur enseignement était un blasphème aux yeux de la population, et bientôt il s'éleva contre eux un concert de malédictions. Sasi-Pada vit démolir son école ; les parents de ses élèves furent contraints de lui retirer leurs enfants ; on combattit de tous côtés son système d'éducation. Ce fut miracle s'il ne renonça pas à la tâche. Mais doué d'une grande force de caractère, il reconstitua son école et groupa de nouveau autour de lui quelques jeunes adeptes rendues plus ferventes par la lutte.

C'est dans ces dures circonstances que sa femme déploya les qualités d'énergie et de dévouement qu'elle avait vouées à l'œuvre. Elle montra chaque jour, malgré les plus grands affronts et au cours de difficultés de toute nature, une sérénité inaltérable et une invincible ténacité. Par son aide l'œuvre grandit de jour en jour, et bientôt le jeune maitre

put fonder à Calcutta même des écoles qui prospérèrent rapidement. L'impulsion était donnée ; de hardis imitateurs
propagèrent avec ardeur ses idées libérales et semèrent
parmi le peuple des principes féconds.

Sasi-Pada fut en réalité le premier artisan de cette grande
œuvre philanthropique : la régénération sociale de la femme
indoue.

Religion. — La religion occupe une très grande place
dans la vie de l'Indou. Il invoque la protection des dieux à
chacun de ses actes, à chacune de ses paroles. Son profond
respect pour les divinités et son absolue confiance dans leur
pouvoir font de lui un fataliste accompli. Que la maladie
décime sa famille, que le feu dévore son habitation ou que
la fortune exerce sur lui ses rigueurs, loin de blasphémer et
de maudire le destin, il accepte avec résignation ces calamités comme autant de châtiments mérités envoyés par les
dieux. Nous avons pu voir un incendie consumer une qua-
rantaine de cases sans que leurs habitants fissent aucun
effort pour combattre le feu : tristes et silencieux, ils assis-
taient à la ruine de leurs demeures dont un dieu cruel les
privait justement !

Dogme indou. — Le dogme indou repose sur une croyance
monothéiste ; en effet la théologie brahmanique nous apprend l'existence d'une trinité ou *trimurti* composée de :

Brahma : le créateur ;

Vischnou : l'esprit conservateur ;

Siva : l'esprit destructeur.

Cette trinité est un symbole qui résulte d'une philosophie
profondément raisonnée. Nous ne nous attarderons pas à la
développer ici.

Brahma n'existe pour ainsi dire pas ; il n'a dans toute

l'Inde que de rares temples. Le peuple a reporté tout son culte sur *Vischnou* et principalement sur *Siva* parce qu'il est le plus malfaisant des trois et que nous adorons surtout ce que nous craignons : la crainte de Dieu n'est-il pas le commencement de la sagesse?

Multiplicité des adorations. — Le peuple, superstitieux à l'excès, ne tarda pas à donner une épouse à chacun de ces dieux. *Brahma* eut *Saravasti*, déesse de l'Eloquence; *Vischnou* eut *Lâkshmi* et *Siva* la terrible *Kali*, déesse du meurtre.

Divers dieux secondaires surgirent bientôt de l'imagination féconde des Indous pour représenter les choses qui frappaient leur vue : il y eut le dieu des vents, du feu, des enfers, de la guerre, des richesses, comme aussi celui de la bonté, de la fécondité, du malheur, de la lune, du soleil, des entreprises, des héritages, etc. Pour figurer ces divinités, des milliers d'idoles s'élevèrent dans tous les coins du pays, encombrant toutes les pagodes.

Bouddhisme. — Le bouddhisme, qui prit naissance dans l'île de Ceylan à une époque très reculée, jouit un moment dans l'Inde d'une vogue immense. Il s'inspirait d'ailleurs de principes essentiellement moraux qui, pratiquement, peuvent se résumer dans ces trois préceptes :

S'abstenir du mal.

Pratiquer la vertu.

Réprimer les passions.

« La sagesse, disait Bouddha, doit être le but principal de la vie humaine. » Son système tout athéiste anéantissait Dieu. L'âme et la nature elle-même devenaient des illusions de notre intelligence.

Mais le peuple perdit bientôt la notion de ces symboles : il se désintéressa de la doctrine pure et en persécuta même les fervents adeptes, qui se répandirent dans la Chine et au Japon. Leurs idées triomphent encore dans ces pays.

Métempsycose. — Une autre doctrine fort curieuse prit naissance pendant la période védique. Elle s'infiltra dans le système néo-brahmanique sous le couvert du bouddhisme, et si grande fut sa force qu'elle persiste de nos jours.

Sous son influence, l'Indou croit que l'homme sort du limon pour suivre une marche ascendante vers le créateur, le grand Tout, dans lequel il s'absorbe finalement. Suivant cette doctrine, qui est celle de la métempsycose, l'être passe par des phases progressives; d'abord il devient végétal, puis animal immonde (chacal), animal noble (lion, serpent, vache), et enfin homme. Cette dernière évolution n'est encore à ses yeux qu'une épreuve qu'il lui faut subir en expiation de fautes commises dans une vie passée.

La plupart de ses sacrifices ont pour but d'attirer sur lui la clémence et la protection des dieux afin de s'assurer le bonheur dans la vie future. Sa plus grande crainte est de se voir transformé après sa mort en « chacal immonde » ou en « vautour mangeur de cadavres », termes qui constituent la plus sanglante injure dans sa bouche.

Vischnou, la deuxième personne de la Trinité, est adoré sous la forme de *Krishna,* un de ses avatars, dans la province du Guzerat. Ses prêtres portent le titre de *Maharajah* et sont considérés comme des incarnations du dieu lui-même. Ils profitent de leur grand ascendant sur le peuple pour faire payer à prix d'or aux femmes les faveurs qu'elles sollicitent avec une ardeur naïve.

Culte de Siva. — Le culte de *Siva* est principalement en honneur dans le Bengale et dans sa capitale Calcutta; mais le peuple adore surtout son épouse *Kali,* la déesse du meurtre. La tradition lui attribue des goûts sanguinaires, qui donnaient lieu autrefois à d'horribles suicides. Ses autels étaient arrosés de sang humain par la foule en délire, et le jour de sa fête on voyait des fanatiques s'enfoncer dans les chairs des crochets suspendus à une sorte de manège ; la machine était mise en mouvement et les malheureux ne formaient plus au bout de quelques instants qu'une bouillie sanglante !

De nos temps ce fanatisme a disparu pour faire place à des démonstrations plus raisonnables. La fête de *Kali* est célébrée chaque année au mois de septembre avec plus de pompe et sans atrocités. La foule, pleine d'enthousiasme, se rend au *Kali-Ghat*, temple magnifique bâti sur les bords du Gange, où la déesse est représentée sous une forme terrifiante : elle est peinte en bleu et sa langue, démesurément longue, est d'un rouge éclatant. Dans la main droite elle tient un couteau et de l'autre la tête d'un géant. Une légende nous apprend que ce géant avait refusé de lui rendre hommage et que la terrible *Kali* l'avait poursuivi et tué, de même que ses quarante fils, au sein d'une forêt profonde.

Ses deux autres mains (car elle a quatre bras) sont élevées vers le ciel. Elle a le pied posé sur un homme, et on explique cette attitude en rapportant qu'après sa victoire sur le géant, elle marchait fièrement, la tête haute, et qu'elle mit par mégarde le pied sur le corps de son auguste époux endormi dans l'herbe.

Procession en l'honneur de Kali. — La célébration de la fête donne lieu à des démonstrations très bruyantes. Des cortèges bizarres, comprenant de nombreuses idoles et suivis d'une foule tapageuse, parcourent les rues conduits par les brahmes. Après plusieurs heures de marche, ils se dirigent vers le Gange et précipitent dans ses eaux les idoles parées de fleurs et d'oripeaux de toute sorte, pendant que de la foule des fidèles s'élèvent des clameurs prolongées.

La religion actuelle et sa morale. — Il résulte des principes de la religion indoue, qu'il nous a fallu exposer succinctement dans ses grandes lignes, que l'homme est considéré comme une manifestation illusoire du grand Brahma, l'être suprême, et que par suite il est superflu de fixer les devoirs qu'il a à remplir à l'égard de ses concitoyens. Dans tous les préceptes religieux il n'est question que de rites à observer et de sacrifices à accomplir. Aussi le sentiment religieux chez les Indous ne consiste-t-il qu'en un culte grossier des idoles. On n'y retrouve pas cette distinction du bien et du mal, cette conscience des devoirs de l'homme envers ses semblables qui constituent le fond de notre christianisme. D'autre part le dérèglement des mœurs et le mauvais exemple des prêtres, qui se livrent les premiers à la débauche, suppriment chez le peuple l'effet de la loi naturelle. L'Indou pèche inconsciemment contre la morale, et son caractère pacifique le préserve seul des excès propres à notre nature, sur lesquels sa religion est muette.

La femme victime de la religion. — La femme supporte les conséquences de cet état de choses; elle est à la fois la victime et la dupe éternelle de la religion. Par mysticisme et par faiblesse d'esprit, elle subit entièrement l'influence des brahmes et s'adonne les yeux fermés à toutes les pratiques que ceux-ci leur imposent. Par sa position inférieure dans la société, elle est fatalement sacrifiée à l'égoïsme et à la tyrannie de l'homme, auquel les formes sont inconnues. Son mari est-il brutal, elle est battue et maltraitée; est-il débauché, elle est abandonnée et supporte seule les charges de la famille; est-il rapace et ambitieux, elle subit toute jeune des raisons de convenance et d'intérêt. Elle ne trouve ni dans son esprit ni dans son caractère aucune ressource contre cette injustice sociale; seule, l'instruction qu'on essaie de lui donner aujourd'hui lui procurera la valeur individuelle et les ressources d'esprit nécessaires pour triompher de l'état d'abjection où les doctrines religieuses l'ont reléguée.

Mariage de l'Indoue. — Les Indous se marient de très bonne heure, surtout les jeunes filles. C'est aux yeux des parents le seul moyen de prévenir le libertinage qu'entraînent leurs passions vives et prématurées. Ils considèrent les égarements de l'amour comme des fautes graves dont l'âme ne se lave qu'à grand'peine, car il lui faut passer après la mort de l'être par neuf transformations successives avant d'atteindre au bonheur suprême.

Ces unions trop hâtées sont un malheur pour la société ; les époux n'ont aucune expérience de la vie, aucun principe solide pour la gestion de leurs affaires domestiques. Aussi le ménage trop jeune demeure-t-il, jusqu'à l'âge de raison, sous la tutelle des parents, qui souvent le dirigent au gré de leurs intérêts. Ces sortes de mariages ont principalement lieu dans la classe aisée, où la fortune permet aux époux de supporter plus aisément les charges domestiques. Ils ont toutefois pour conséquence d'augmenter le nombre des malheureuses veuves. On remarque, dans le Bengale notamment, que des mariages d'enfants réussissent pourtant très bien. Habituée à la contrainte, l'épouse obéit passivement à son mari ; elle se contente de peu et son bonheur s'identifie avec celui des êtres qui l'entourent. Au foyer domestique, elle déploie ses meilleures qualités, sa douceur, son dévouement et sa patience, qui apportent le calme et le bonheur sous le toit conjugal.

Fiançailles. — La fillette est fiancée vers l'âge de quatre ou cinq ans. Cet âge explique suffisamment que l'on se passe du consentement mutuel des parties intéressées.

Un ouvrage religieux, le *Satyarthá-Prakàsh*, publié en 1890 à Madras, nous révèle une curieuse manière d'établir les fiançailles. Dans les villages, le maître de l'école des garçons fait prendre la photographie de tous ses élèves en âge de se marier. Il envoie ces divers portraits au directeur de l'école des filles, qui lui adresse en retour ceux de ses élèves. Quand le maître veut organiser un mariage, il appelle un de ses écoliers et lui fait choisir une épouse parmi les photographies des jeunes filles. Le choix arrêté, le maître prend à son tour le portrait de son élève et l'envoie à son collègue avec des détails circonstanciés sur l'âge de son candidat, sa taille, son caractère, sa famille, etc.; celui-ci, de son côté, fait de même. Si les renseignements fournis de part et d'autre paraissent convenir aux deux maîtres d'école, on en fait part aux familles, qui donnent leur consentement s'il y a lieu et entament les préliminaires des fiançailles.

Entremetteurs de mariages. — Mais en général les fiançailles se font tout autrement. Quand un jeune homme a atteint sa dix-septième année, un grand nombre de gens circonviennent ses parents et offrent de lui présenter une jeune fille. Ils font un métier de ces arrangements matrimoniaux et possèdent un savoir-faire si remarquable que leurs entreprises réussissent le plus souvent. Ils excellent surtout à faire ressortir les qualités de la fiancée, selon les goûts de la famille. Pour peindre la jeune fille, ils se servent d'images brillantes et gracieuses : elle est belle comme la pleine lune, ses lignes sont harmonieuses, ses dents rangées comme les rubis d'une grenade, sa voix est aussi douce que celle du coucou; enfin elle apporte une belle dot. Les parents sont toujours très flattés de trouver une personne si accomplie, et souvent ils acceptent les propositions qui leur sont faites. L'éloge du jeune homme n'est pas moins poétique : il est aussi beau que *Kârtill* (dieu de la Beauté); tous ses actes sont des traits de héros; il a toutes les qualités; son savoir est très étendu, car il étudie jour et nuit. Il est de plus l'exemple de tout le voisinage par sa tenue irréprochable.

Tout d'abord les hommes seuls faisaient ce métier de marieurs; mais les femmes, plus adroites et plus insinuantes, ne tardèrent pas à s'en mêler. Elles s'introduisent dans les familles, en pénètrent les secrets, s'entendent avec les belles-mères et arrivent à conclure un mariage avant même que les hommes n'en soient instruits.

Mais ces gens-là ne sont que des farceurs, et personne n'est dupe de leurs beaux mensonges. Les parents tâchent toujours de puiser leurs renseignements à meilleure source. Ils s'enquièrent principalement de la caste et des antécédents de la personne proposée. Lorsqu'ils sont édifiés, ils ne donnent jamais leur consentement sans exiger de la jeune fille force cadeaux et un certain appoint d'argent.

Cérémonies des fiançailles. — Dès que le mariage est décidé, les amis du fiancé vont voir la future; ils arrivent au

moment de sa toilette et prennent place autour d'elle. Elle
revêt ses plus beaux atours et s'assied au milieu de la salle
sur un drap blanc, ayant à côté d'elle sa marieuse, dont le
secours ne lui est pas inutile. Il lui faut en effet répondre à
une foule de questions, un examen en règle que lui font
passer ces jeunes gens. Elle s'en tire tant bien que mal, plu-
tôt mal que bien, car elle est vivement intimidée par son
entourage. Quoi qu'il en soit, l'entremetteuse ne manque
pas de s'extasier à chacune de ses réponses : c'est merveilleux! c'est superbe! crie-t-elle à tout propos avec enthousiasme. Puis arrive le jeune homme, qui marque son consentement au mariage en mettant une pièce d'or dans la main
de sa fiancée; celle-ci se retire pleine de joie. Dans l'après-
midi un grand festin réunit les deux familles et aussi les
brahmes, toujours à l'affût de ces bonnes aubaines.

— Actuellement, dans le Bengale, le fiancé subit de son
côté un examen portant sur les matières enseignées dans les
universités anglaises : histoire, géographie, calcul, littéra-
ture, etc. De même que la jeune fille, il répond tant bien que
mal, mais il n'en reçoit pas moins, lui aussi, une monnaie
d'or en guise d'alliance. Un brahme vient ensuite rédiger
le contrat de mariage sur du papier de Bengale. Le contrat a
ceci de particulier qu'il ne peut contenir que huit ou neuf
lignes.

Cérémonies du mariage. — Quand le jour de la célébration du mariage est venu, les deux fiancés se frottent le
corps de safran d'Inde après s'être baignés dans de l'eau
sacrée, puis ils revêtent une robe bordée de rouge. Le fiancé
monte sur une meule ; cinq femmes tournent autour de lui,
le frottent de safran, et toutes à la fois lui mettent sur le
front des pâtes faites de riz, d'or et d'argent. Les époux ont
encore à accomplir certains rites; mais toutes ces céré-

monies finissent par d'abondantes ripailles qu'agrémentent
les danses des bayadères.

— Deux cérémonies principales constituent le mariage :
à la première il est accompli au point de vue social ; à la
seconde il est consommé. Si le mari vient à mourir dans
l'intervalle, la jeune femme reste veuve-vierge et subit jusqu'au trépas son malheureux sort.

Le jour du mariage les jeunes fiancés ne prennent pour
toute nourriture qu'un peu de lait et quelques fruits. Le
père du fiancé et les prêtres qui doivent officier observent
un jeûne rigoureux ; quant à la mère du fiancé, elle ne prend
non plus aucune nourriture ; elle aiguise son appétit pour
pouvoir faire largement honneur au grand repas qui a lieu
le lendemain.

Pour son mariage, la jeune fille se drape dans un *sari*
très riche et le jeune homme prend un vêtement magnifique-
ment brodé avant de se rendre au-devant d'elle. Il se met en
route précédé de domestiques portant des torches de couleur, des pierreries et des guirlandes. Sur son passage un
groupe de cavaliers improvise une chevauchée, parodiant
les mouvements de la cavalerie anglaise. Arrivé à destina-
tion, il écoute les conseils que lui donne sa mère sur la
façon dont il doit se tenir dans la demeure de sa fiancée :
il doit lever constamment les yeux vers le ciel, poser ses
pieds sur le bord du siège en bois qui le reçoit, etc.

Une fois qu'il est marié, elle conserve sur lui son influence,
ne lui ménage pas ses instructions et redouble ses caresses.
Mais en dépit de ses efforts le jeune époux ne tarde pas à
subir la domination de sa belle-mère, plus despotique encore
que celle de notre vieille Europe.

Quand le jeune homme est arrivé chez sa fiancée, on
apporte un plateau de cuivre contenant du riz, un petit pot

en bois rempli de vermillon et une roupie. Le père du fiancé prend ces divers objets et les jette par-dessus la tête de celui-ci dans la robe de sa bru. Ce rite s'appelle *kandhanjuli;* dès qu'il est accompli, le jeune homme prend place dans la voiture nuptiale et, suivi d'une garde d'honneur, il s'avance sur la route au milieu des ténèbres. Des deux côtés la population se range curieusement, ainsi que les musiciens; ces derniers font un tapage infernal, tapant sur leurs tam-tams comme des enragés et soufflant éperdument dans leurs trompes et leurs flûtes de bois. Pendant ce temps, des danseurs habillés en femmes exécutent une gigue endiablée! Comme on le voit, la gaîté la plus exubérante ne cesse de régner pendant toute la procession et les *babous* eux-mêmes, grimpés sur des chars, augmentent le charivari en hurlant comme des possédés. Cette curieuse procession s'organise dans la maison du fiancé et arrive devant celle de la jeune fille, qui descend de voiture et s'assied sur un siège garni de neuf coussins. Le barbier de la famille, dont le rôle est très important dans ces fêtes, apporte une lumière dans un récipient de terre cuite et la place sur un des côtés du seuil de la maison. Tous les membres de la famille font ensuite leur entrée et prennent place dans la salle d'honneur. Les brahmes en font autant et allument leurs narghilés. Le fiancé entre à son tour, quitte sa robe brodée pour un vêtement de soie rouge et s'installe dans la salle. On introduit alors la fiancée, que l'on porte sur son siège, toute tremblante d'émotion, et on la place à gauche de son futur; on réunit leurs mains et on enroule autour une guirlande de fleurs, symbole de leur union.

Suivent une foule d'autres cérémonies symboliques dont la description serait trop longue. Enfin quand il s'agit de régler la dot, une discussion sans fin s'engage entre les

3.

parents, qui font assaut de ladrerie; les Indous, il faut le dire, sont d'une incroyable rapacité. Cette grosse question une fois réglée, les parents de la jeune fille la remettent aux mains de son mari, et c'est à ce moment que commence une scène de larmes, de cris et de gémissements presque comique. Tous les assistants, gagnés par l'émotion, se mettent à pleurer sans trop savoir pourquoi.

Rentrés chez eux, les jeunes mariés trouvent un grand étalage de cadeaux envoyés par la famille. Un lit de fleurs est prêt à les recevoir, et c'est là qu'ils achèvent leur journée agitée sous les regards indiscrets des femmes qui, toujours curieuses, s'amusent de ce premier tête-à-tête, dissimulées derrière les tentures.

La jeune épouse ne revient d'ordinaire chez son mari que deux ou trois ans après le mariage. Ce retour est encore signalé par des fêtes nombreuses et brillantes.

Polygamie. — Une coutume déjà ancienne permet à l'Indou de contracter plusieurs unions légitimes. La polygamie chez ce peuple est due à une civilisation abâtardie et à des mœurs dissolues qui ont persisté jusqu'à nos jours. Depuis que la religion a été si grossièrement travestie, cette race indolente se complait voluptueusement dans le vice. Aux premiers temps c'eût été une faute grave de prendre une seconde femme; on raconte même que lorsqu'un mari avait injustement abandonné son épouse, il était condamné à s'afflubler d'une peau d'âne et à demander l'aumône dans sept maisons différentes en faisant partout l'aveu de son crime.

L'origine de la polygamie se trouve dans les livres religieux. — La polygamie fut bientôt pratiquée en vertu d'un principe religieux; les livres sacrés disent : Tout homme qui

laisse après lui un fils pour accomplir sur sa tombe les cérémonies funèbres jouira du bonheur dans l'autre vie. Cette
croyance est générale dans l'Inde ; aussi, quand une femme
n'a pas d'enfants, elle autorise son mari à choisir une seconde épouse, et le fils né de cette union irrégulière est
considéré comme un enfant légitime et profite de tous les
avantages accordés à ce titre par la loi. Elle prend souvent
l'initiative de choisir cette concubine pour empêcher que
son mari ne soit damné.

Stérilité de la femme. — La stérilité est un grand
malheur aux yeux des Indous, qui tiennent par-dessus tout
à une descendance. Ils croient y voir un châtiment des
dieux. Aussi il n'est pas de prières qu'une femme ne fasse,
pas de sacrifices qu'elle ne s'impose pour apaiser le ciel et
devenir mère.

Les brahmes profitent sans vergogne de cette superstition : ils organisent chaque année un pèlerinage en l'honneur de la déesse de la Fécondité ; ils rassemblent toutes
les femmes dans son temple, les obligent à faire de riches
offrandes à la déesse et à coucher sur les dalles de la
pagode. Si par hasard les offrandes leur paraissent trop mes-
quines, l'un d'eux se cache derrière l'idole et d'une voix
tonnante prédit aux ouailles épouvantées les plus grandes
calamités en punition de leur avarice. Les pauvres péni-
tentes se dépouillent alors de leurs bijoux et de tous leurs
biens, se ruinent même pour satisfaire l'insatiable divi-
nité. Les brahmes rusés, pour les récompenser, descendent
au milieu d'elles dans les ténèbres et font croire aux plus
belles..... que la déesse les a visitées !

— Dans la classe élevée, ces supercheries sont bien con-
nues et les babous n'ont garde de conduire leurs épouses au
temple de la Fécondité.

La stérilité de la femme est la première cause de la polygamie; mais Manou l'autorise pour bien d'autres raisons : toute femme qui aime les boissons, qui a des mœurs légères ou une maladie incurable peut être répudiée par son mari. Celle dont tous les enfants sont morts peut être abandonnée après dix ans de mariage; celle qui n'a que des filles, au bout de onze ans; et celle qui répond avec aigreur à son époux, sur-le-champ. Un mari a même le droit de délaisser sa femme au bout d'un an si elle ne lui plaît pas.

Polygamie dans les hautes classes. — Les gens de la classe élevée, qui ont trop de femmes, profitent souvent de cette liberté. Les épouses, de leur côté, vivent auprès de leurs parents, ne voient que rarement leurs maris et ne sauraient, par suite, éprouver pour eux une bien grande affection. Cet abandon les pousse à un libertinage facile dont le mari se soucie d'ailleurs fort peu : il vit dans l'oisiveté, fume, joue et boit. S'il jouit d'une grande fortune, il prend cinq, dix ou vingt femmes, et cela lui est d'autant plus aisé que les mères indoues ont de nombreuses filles qu'il leur faut marier à tout prix. Il ignore le nombre de ses enfants et s'ils sont légitimes; n'ayant pas à les nourrir, il ne s'en occupe guère. Il ne profite de sa femme que pour saigner son beau-père quand il a besoin d'argent.

Certains brahmes, rangés dans les premières classes de la société, épousent souvent jusqu'à cinquante femmes et même davantage; ils n'ont souvent pour tout bien que leur tunique.

On cite à ce sujet le cas d'un brahme qui, après avoir épousé cinquante femmes, enleva un jour celle d'un de ses fidèles. On raconte aussi qu'un autre avait épousé quatre-vingt-deux femmes dont il avait eu seize garçons et vingt-

six filles. Il mourut à l'âge de quatre-vingt-deux ans et son
dernier mariage ne datait que de cinq mois !

Un dernier trait montre la facilité avec laquelle tout
homme peut se marier dans l'Inde. Un autre brahme fort
pauvre, sentant venir sa fin, se plaignait à son fils de n'avoir
pas l'argent nécessaire à ses funérailles. Pour remplir son
escarcelle, le vieux coquin imagina la comédie que voici :
se rappelant que quelques mois auparavant il avait refusé
la fille d'un prêtre de ses amis, belle personne de dix-huit
ans qu'on lui offrait en mariage, il la redemanda avec sa dot
de deux cent cinquante roupies qui représentait précisément
les frais de son enterrement. Le mariage fut célébré, et le
vieux brahme, chancelant sous le poids de ses soixante-dix
ans, put encore montrer quelque vigueur pour la circonstance. Mais trois mois après il mourait, et la dot de sa
femme servait à lui faire d'honnêtes funérailles !

Kulinisme. — Dans le Bengale, les *kulins*, classe de
brahmes très considérés, offrent les plus frappants exemples
de polygamie. Ils passent pour avoir un grand caractère et
des connaissances profondes. On a pour eux un grand respect
en raison des qualités qu'on leur attribue. Ordinairement
très pauvres, ils ne feraient jamais belle figure si le mariage
ne les tirait de leur misère.

Grâce à leur prestige, les *babous* sont heureux et fiers de
leur donner leurs filles. Aussi voit-on des *kulins* épouser
des centaines de femmes pour accroître d'autant leur fortune. Quelques-uns vont jusqu'à prendre quatre femmes
dans la même journée. On comprend, dans ces conditions,
qu'ils négligent leurs devoirs d'époux et de père.

Opposition au kulinisme. — Cet abus de la polygamie
jette le trouble dans bien des familles et nuit à la société.

Depuis 1866, de grands efforts ont été tentés par les Indous orthodoxes et par tous les gens instruits pour faire disparaître cette fâcheuse coutume. Le gouvernement anglais, de son côté, emploie tous les moyens pour détruire ce *kulinisme* si préjudiciable au progrès social. Mais les résultats obtenus ne sont pas encore appréciables.

Veuves indoues. — Nous avons vu que la loi religieuse défendait à la veuve de se remarier. Cette prescription n'est pas très ancienne. On sait en effet que pendant la période védique, à laquelle il faut toujours nous reporter pour trouver l'épanouissement social de l'Inde, le mariage des femmes veuves était autorisé, quoique avec certaines restrictions. Cependant vers le huitième siècle de notre ère ces mariages n'étaient déjà plus en grande faveur, si ce n'est dans les classes élevées.

Dans certaines provinces de l'Inde, dans le Birmah, par exemple, les femmes jouissaient d'une grande liberté, choisissant elles-mêmes leur mari et, après son décès, se remariant si bon leur semblait. Elles pouvaient ainsi se refaire une existence heureuse.

Situation de la veuve à l'époque contemporaine. — Leur situation a bien changé depuis. On voit des fillettes de six à dix ans, encore ignorantes des choses de la vie, perdre du jour au lendemain le mari que leur avaient donné les combinaisons de leurs parents et tomber dans cet état lamentable de veuve sans même en comprendre l'horreur. Leur existence n'est qu'une longue suite d'amertumes que la mort seule fait cesser.

Au logis elle devient le souffre-douleur et le domestique de la famille; elle ne peut parler la première à personne ni regarder qui que ce soit. Elle doit se renfermer dans un isolement complet et s'imposer une réserve odieuse; il ne lui

reste plus pour toute consolation que l'affection de sa mère.
Un préjugé barbare l'oblige à ne faire qu'un repas toutes les
vingt-quatre heures; et encore on lui interdit le poisson,
dont les femmes indoues sont si friandes. Deux fois par se-
maine il lui faut jeûner, ainsi qu'à toutes les fêtes de l'année,
qui sont très nombreuses. Ces jours-là, pas une goutte d'eau
ne doit passer par ses lèvres et la chaleur étouffante du climat
pendant l'été fait de cette défense un supplice atroce. On la
dépouille de ses bijoux et de ses biens; on lui enlève même
ceux de son mari, qui font retour aux parents de ce dernier.
Elle n'a plus pour tout ornement qu'un gros chapelet de
bois qu'il lui faut porter, dit-on, pour sauver son âme.
Enfin, elle quitte ses vêtements élégants pour un *sari*
d'étoffe grossière et se réfugie dans la prière et les dévo-
tions, car son état de veuve est une souillure dont elle doit
se laver pour gagner le séjour céleste.

Sa situation est particulièrement malheureuse dans le
Nord-Est et dans la résidence de Bombay. Au cours d'une
conférence faite en 1892 devant une assemblée de nota-
bles et de philanthropes, un habitant de Bombay décri-
vait en termes émus la condition de la veuve : « En dépit
« de ses larmes et de ses cris, le barbier lui rase la tête;
« elle est mise au ban de la société et considérée comme
« une misérable pécheresse qui a encouru la disgrâce des
« dieux. Sa vue est de mauvais augure; tous ceux qui la
« rencontrent doivent envisager son abord comme une ma-
« lechance, comme une souillure. »

Aussi, se voyant en butte au mépris général et abandonnée
par toute la société, la pauvre femme n'aspire plus qu'à se
retirer sur les bords du Gange afin d'engloutir par un suicide dans ses eaux profondes les chagrins qui ravagent son
âme. Se remarier serait pour elle perdre sa caste, attirer sur

sa tête tous les malheurs domestiques et encourir la damnation éternelle!

Amélioration de sa condition. — Dans le Bengale, où l'influence des Européens a pu mieux s'exercer que dans les autres provinces, on s'est un peu relâché de cette grande sévérité à l'endroit des veuves. Loin d'être maltraitées comme jadis, elles deviennent, en raison même du malheur qui les frappe, l'objet de la sympathie de leurs parents et de leurs amis. Elles doivent cependant observer certains des règlements prescrits, enlever leurs ornements, garder une réserve rigoureuse, coucher sur le sol, etc., et enfin ne faire qu'un repas par jour; mais, hâtons-nous de dire que ce repas très substantiel compte bien pour deux.

Son sort s'est également amélioré dans la résidence de Madras. Son état d'esclavage a disparu et l'on voit sa famille lui permettre d'exercer pleinement son autorité.

Les *babous* se sont particulièrement moqués des ordonnances des brahmes : ils épousent hardiment des veuves, foulant aux pieds les scrupules de leurs concitoyens, mais · rachetant aisément les bonnes grâces des prêtres par quelques cadeaux d'argent.

Influence des idées modernes sur le sort de la veuve. — Avec les principes de civilisation que les Indous puisent maintenant dans les écoles anglaises, il est permis d'espérer que cet abaissement de la femme veuve prendra fin dans un temps prochain. De nombreux ouvroirs installés dans plusieurs villes recueillent déjà les fillettes et les femmes qui n'ont plus leur mari, et en les arrachant à la misère leur assurent l'avenir. Dans ces institutions bienfaisantes elles apprennent différents travaux de ménage, cultivent leur esprit et deviennent aptes à gagner leur vie. Elles s'affran-

chissent de la sorte des préjugés néfastes qui les asservis-
saient et les dégradaient.

Sutti. — Après la mort de son mari, la veuve indoue mon-
tait souvent sur le bûcher qui consumait le cadavre. Ce
sacrifice volontaire s'appelle *sutti*.

Nous ne parlerons que pour mémoire de cette barbare
coutume qui a coûté la vie à tant de malheureuses femmes.
Lord Bentick, gouverneur des possessions anglaises de
l'Inde, l'abolit en 1869 par un décret lancé dans toutes les
provinces; et pour donner une expression plus ferme à sa
volonté, il édicta la peine de mort contre tous ceux qui en-
freindraient ses ordres. Ces mesures énergiques amenèrent
en peu de temps la disparition du *sutti*

Un Indou pénétré de nos grandes idées d'humanité, Ram-
mohan-Roy, se fit de son côté le pionnier actif et dévoué
de cette noble cause, et grâce à son évangélisme de nombreuses femmes purent échapper au supplice terrible du feu.

Origine du sutti. — Le *sutti* remontait à une époque
très ancienne; on en trouve la première trace dans le livre
sacré du Rig-Veda. Les brahmes veillèrent soigneusement
à l'observance de ce rite, qu'ils disaient être agréable aux
dieux et indispensable pour assurer l'entrée de l'époux dans
le séjour de Brahma.

La femme qui se sacrifiait de la sorte faisait œuvre méri-
toire, et l'honneur en rejaillissait sur toute sa famille. Mais
souvent l'épouse reculait d'horreur devant cet épouvantable
suicide et n'allait au supplice que poussée par les prêtres et
encouragée par les cris de ses parents, honteux de penser
qu'elle pourrait faiblir. Elle était presque jetée dans les
flammes, évanouie, exsangue!

Pour donner une idée exacte d'un *sutti*, nous ne pouvons
mieux faire que de reproduire l'émouvant tableau qu'en a

tracé un Indou lettré dans un ouvrage remarquablement
écrit. M. Bose, qui connaît à fond les mœurs de son pays,
nous fait la description du *sutti* de sa propre tante dont il a
été le témoin profondément ému :

Le sutti tel qu'il était accompli. — « J'étais enfant, lors-
« que mon attention fut un jour attirée en entendant dire à
« ma mère que ma tante allait au *sutti.* A cette époque,
« c'était un mot que je ne pouvais guère comprendre ; plu-
« sieurs fois je me creusai vainement la mémoire pour cher-
« cher ce que ce mot pouvait bien signifier. Enfin j'en
« demandai l'explication à ma mère. Elle me répondit en
« pleurant que ma tante allait *manger du feu.* Tout de
« suite je ressentis une grande curiosité de voir la chose de
« mes propres yeux. Je ne savais pas alors que nous pou-
« vions perdre la vie un jour où l'autre. Jamais il ne m'était
« venu à l'esprit que je pourrais être privé de ma tante, que
« j'aimais tant. J'étais inquiet ; je descendis dans sa cham-
« bre et je la vis entourée d'un groupe de femmes, l'air som-
« bre. Après cinquante ans, j'ai encore un souvenir très
« vivant de ce spectacle. Ma tante était habillée d'un *sari*
« de soie rouge et portait tous ses bijoux. Son front était
« enduit d'une couche de vermillon ainsi que ses pieds ; elle
« était sans doute dans un état d'adoration extatique ; son
« attitude était très sérieuse ; elle était calme et maîtresse
« d'elle-même comme s'il ne se passait rien d'important.
« C'est avec sérénité qu'elle attendait l'heure à laquelle elle
« dépouillerait son enveloppe mortelle. Le cadavre de mon
« oncle était couché dans une pièce voisine. Il me sembla
« que toutes les femmes présentes admiraient la force d'âme
« de ma tante. Quelques-unes lui touchaient le front pour
« avoir un peu de son vermillon ; d'autres tombaient à ses
« genoux en exprimant l'espoir de montrer un jour un peu

« de son courage. Parmi tous ces préparatifs, je fus surpris
« de voir que ma tante tenait un de ses bras étendu et que
« sur un signe d'une prêtresse elle posait un doigt au-dessus
« de la flamme de la lampe et l'y maintenait jusqu'à ce que
« la chair fût entièrement brûlée : la prêtresse avait peine à
« le lui faire retirer, car elle voulait seulement mettre son
« courage à l'épreuve. Cette brillante marque d'énergie
« prouva à toute l'assistance que ma tante était réellement
« digne du *sutti*.

« Il était environ onze heures lorsqu'on se prépara à con-
« duire mon oncle au *ghat*. Il se forma une petite proces-
« sion de trente personnes, très attristées par les événe-
« ments, qui s'étaient offertes pour porter à tour de rôle la
« litière où le mort était couché. Ma tante suivait dans un
« palanquin ouvert. Elle était comme morte pour le monde
« extérieur et aucun voile ne couvrait son visage. Elle sou-
« pirait ardemment après cette heure où son âme serait
« réunie à celle de son mari dans le séjour de Brahma. Pen-
« dant que la foule poussait les cris de *Hari, Hari*[1], *Bole,*
« cris qui annoncent la mort, elle égrenait un chapelet en
« bois avec le plus grand recueillement. Une foi profonde et
« sincère, qui fortifie l'âme contre les tempêtes de l'exis-
« tence, peut expliquer ce sang-froid qui délivre l'esprit des
« terreurs de la mort.

« Vers midi nous atteignîmes les bords du Gange au
« *Nimtalla*, où pendant une dizaine de minutes on répan-
« dit de l'eau sacrée sur le cadavre. Puis nous avançâmes
« vers *Kullalla*, située à trois milles environ plus loin.
« Nous étions arrivés à la maison de l'entrepreneur des
« funérailles. A ce moment un commissaire de police

---

1. *Hari*, dieu de la mort, incarnation de *Vischnou*, conservateur de la
vie éternelle.

« indou alla au-devant de ma tante et fit tous ses efforts
« pour ébranler sa résolution de mourir. Mais celle-ci, avec
« une belle fermeté digne de Jeanne d'Arc, resta inébran-
« lable. Elle répondit simplement que le *sutti* était sa des-
« tinée et que *Hari* l'avait conviée à rejoindre son époux au
« paradis. On commença alors les préparatifs. Un bûcher de
» bois sec enduit de goudron fut dressé; on y ajouta du
« bois de sandal et du gui en guise de parfum. Puis on ap-
« porta plusieurs cannes de bambou dont je ne tardai pas à
« comprendre l'usage. A ce moment je dus m'éloigner avec
« les autres enfants. Le prêtre officiant vint lire quelques
« prières, après quoi le cadavre fut revêtu d'habits neufs;
« ma tante en fit sept fois le tour en répandant sur le sol des
« fleurs, des coquillages et du riz grillé. Je remarquai qu'à
« chaque tour elle perdait de sa force d'âme et de sa pré-
« sence d'esprit. Ce que voyant, le commissaire de police
« s'avança vers elle et tenta de nouveaux efforts pour triom-
« pher de sa détermination. Mais elle, à cette heure der-
« nière où son corps allait disparaître, déjà sur le seuil
« affreux de ce tombeau devant lequel paraissait flamber la
« torche fatale de *Yama* (dieu des enfers), monta tranquille-
« ment sur le bûcher et s'étendit à côté du cadavre de son
« mari. Elle plaça une de ses mains sous sa tête, l'autre sur
« sa poitrine, et d'une voix défaillante jeta ce cri lugubre :
« *Hari! Hari! Hari!*.. On la recouvrit de bois sec, que plu-
« sieurs hommes tassèrent rapidement avec les cannes, et
« mit le feu au bûcher. Aussitôt un long cri de joie s'éleva
« dans l'assistance, qui manifesta sa satisfaction jusqu'à ce
« que les deux corps fussent réduits en cendres.

« Cette scène tragique terminée, un revirement se produi-
« sit parmi les spectateurs. Hommes et femmes se mirent à
« sangloter tandis que des cris de pitié remplissaient l'air. »

Maladie. — Quand la femme tombe malade, on emploie de curieux moyens pour sa guérison. On commence par consulter la période astrale pour savoir l'époque de sa maladie, car une croyance veut qu'elle corresponde aux mouvements de la lune et du soleil. Les parents et les amis viennent assister la malade et font des vœux pour son rétablissement. Ils la veillent attentivement à tour de rôle et accomplissent de nombreux sacrifices pour attendrir les dieux.

Inhumanité de l'Indou pour la femme malade. — Si malgré toutes leurs prières son état empire, on lui frotte le corps avec de la boue du Gange après avoir posé sur sa tête la plante sacrée appelée *tulsi*. On la met ensuite dans une litière et on la porte sur les bords du Gange. S'il s'agit d'un personnage important le convoi s'agrémente de femmes qui hurlent comme des démons et se roulent à terre en s'arrachant les cheveux; les porteurs se joignent à ce concert lugubre en jetant vers le ciel des cris désespérés. D'ordinaire le moribond considère d'un air résigné cette scène lamentable dont les plus insensibles seraient bouleversés.

Comme suprême ressource, les Indous ont recours à certains remèdes énergiques qui ne contribuent pas peu à précipiter la mort de la malade. C'est ainsi que des âmes dévouées lui remplissent la bouche d'eau boueuse du Gange et la plongent à plusieurs reprises dans le fleuve sacré. Si elle montre trop de résistance à mourir et que les cérémonies de ses derniers moments menacent de s'éterniser, on la ramène chez elle où des scènes scandaleuses entourent son râle. On cite le cas d'une vieille femme qui, ne pouvant mourir après quinze immersions successives, se noya elle-même pour échapper aux mauvais traitements qu'exerçaient brutalement sur sa personne les assistants impitoyables.

Quand après cette terrible agonie le malheureux patient a rendu l'âme, on recouvre son cadavre d'un drap blanc qui sert aussi de vêtement et on le place sur un bûcher formé de fagots bien secs et de bois de sandal.

Dans la classe riche, un brahme lit des formules devant le corps, et le fils du défunt revêt des habits blancs dont une extrémité supporte une clef de fer pour éloigner les mauvais esprits. Il s'avance vers le bûcher et y met lui-même le feu. Il jeûne ensuite pendant dix jours et va se baigner dans le Gange, accompagné des brahmes officiants qui l'assistent dans l'accomplissement de rites nombreux.

C'est à l'occasion de ces sortes de cérémonies que se révèle cet esprit de lucre si répugnant chez l'Indou. La famille du mort est assaillie par une bande de mendiants religieux qui sollicitent une aumône avec une opiniâtreté presque insolente. S'ils ne reçoivent aucun argent, ils font un tapage infernal et crient partout à tue-tête que le paradis est fermé à l'âme du mort; ces paroles impudentes manquent rarement leur effet. Les brahmes ne sont pas moins intéressés; pour une rétribution minime ils poussent d'énergiques lamentations et se confondent en des adulations honteuses.

Bayadères. — Nous ne saurions terminer cette étude de la femme indoue sans tracer le portrait si original de la bayadère.

Qu'on l'appelle *nautche* ou *devadassi,* la bayadère est toujours la prêtresse vouée au culte des dieux, exerçant son sacerdoce au sein des pagodes. Le métier de ces femmes est surtout de danser, mais encore ne faut-il pas les confondre avec ces vulgaires danseuses que certains charlatans exhi-

bent devant les voyageurs dans certains ports de l'Égypte et
de l'Inde.

La situation sociale de la *devadassi* est toute particulière,
comme nous allons le voir.

Choix d'une bayadère par les prêtres. — Les brahmes
la choisissent dans les classes inférieures de la société,
ordinairement dans celle des tisserands. On la prend très
jeune, vers l'âge de cinq ou six ans, pour être certain de
l'avoir vierge, condition indispensable. Les parents, qui
n'ont souvent que trop de filles et peu de fortune, s'estiment
très heureux de voir leurs enfants se consacrer à l'autel.

Son éducation. — Dès son entrée dans le temple, la jeune
bayadère est initiée aux raffinements de la luxure pour pouvoir mieux servir plus tard les passions inavouables des
brahmes. Mais à côté de ce misérable enseignement, elle
reçoit une certaine instruction qui lui constitue un privilège
très appréciable sur les autres femmes.

Plus tard, elle voit les trésors de sa jeunesse livrés à prix
d'or à quelque riche rajah qui s'en fait un objet de luxe et
la rend ensuite à la pagode. A partir de ce jour, les brahmes
lubriques et avides d'argent offrent les malheureuses filles
au public.

Cette vie de débauche use rapidement la bayadère, que les
prêtres renvoient de la pagode aussitôt que les premières
rides apparaissent sur son visage. Pour toute récompense
ils la marquent au fer rouge d'un signe spécial qui lui permet d'exercer la mendicité au titre religieux.

Sa progéniture. — Les enfants des bayadères n'ont pas
de caste ; les filles entrent dans la pagode comme leur mère
et les garçons se font musiciens. Ce sont des déclassés, car
tout homme qui ne peut dire le nom de son père est par cela
même déconsidéré.

La tradition veut que des funérailles solennelles soient faites à la *devadassi* comme servante des dieux. Son corps est brûlé avec un grand cérémonial dans le décor luxueux déployé seulement pour les gens de marque; mais ses cendres sont jetées au vent.

Sympathie de l'Indou pour la bayadère. — L'Indou tient beaucoup à ses bayadères. Ce sont elles qui égaient les fêtes de leurs danses gracieuses et viennent rehausser l'éclat de son mariage. A ses yeux, elles symbolisent la déesse du Plaisir et de la Danse, et leur présence au sein des réjouissances domestiques est pour lui une garantie de bonheur qu'il apprécie hautement.

Conclusion. — Dans cette brève étude de la femme indoue, nous sommes entrés à dessein dans les détails de la vie domestique qui sont comme le miroir de l'état d'esprit d'un peuple. C'est par les moindres actions de la vie quotidienne que l'on voit se manifester le véritable rôle de la femme et son influence dans le milieu social, et c'est pour mieux caractériser l'esprit du peuple indou que nous nous sommes attardés à décrire les différentes cérémonies en usage dans le pays.

Notre examen a porté de préférence sur la classe moyenne, qui nous montre d'un côté certaines phases de la vie du peuple et de l'autre nous présente quelques-uns des aspects de l'existence brillante et oiseuse des hautes classes. Nous avons pu voir que les Indous avaient conservé cet amour du faste qu'ils déploient aux moindres occasions, qu'ils avaient des sentiments bien plus généreux qu'on ne le supposait, et que grâce à la douceur de leur tempérament, il y avait aussi parmi eux de bons maris et des gens profondément humains.

Leurs qualités naturelles ont été heureusement dévelop-
pées par l'enseignement que donne aujourd'hui le gouvernement anglais à toutes les classes de la société. L'instruction
des filles a particulièrement attiré l'attention des éducateurs,
qui ont reconnu chez la femme indoue la même influence
domestique et sociale que chez celle des pays occidentaux.
Ils ont voulu par l'instruction l'initier aux idées et aux
mœurs anglaises, comprenant que dans l'avenir cette nouvelle génération assurerait le triomphe de leur cause. Ils
sont arrivés à se la concilier par la création d'écoles de filles
dans tous les chefs-lieux de l'empire et par la fondation de
missions de *zenanas* qui respectent le rang social, si important aux yeux des indigènes.

Par ailleurs, la civilisation européenne triomphe maintenant de l'autorité des brahmes qui va chaque jour en
s'amoindrissant malgré leurs efforts désespérés. Cette dé-
chéance du prêtre, oppresseur du peuple, facilite grande-
ment l'émancipation de la femme tenue longtemps en servi-
tude par ses principes perfides.

— Ces profondes modifications apportées par les Anglais
dans l'état social de l'Inde font espérer une ère nouvelle de
prospérité, où le peuple, entièrement délivré de ses erreurs,
respirera ce souffle de liberté et d'humanité qui passe maintenant sur les grandes nations civilisées.

Et alors l'Indou sera pénétré de cette belle maxime du
sage, que « la femme est un esclave qu'il faut savoir mettre
sur un trône. »

FIN.

Toulouse, Imp. DOULADOURE-PRIVAT, rue St-Rome, 39. — 9092

www.ingramcontent.com/pod-product-compliance
Lightning Source LLC
LaVergne TN
LVHW022031080426
835513LV00009B/979